AF399642

JONAS LUNDSTRÖM

ATT BESEGRA GUDAR

HALTANDE POESI FÖR ANARKI

Att besegra gudar: Haltande poesi för anarki
JONAS LUNDSTRÖM

Omslag: *Isis på en lotusblomma*, Bernard Picart (1673-1733),
Getty Open Content Program.
Formgivning: Tomas Poletti Lundström

FATTA TAGGTRÅD PUBLIKATIONER, 2018
Förlag: BoD – Books on Demand, Stockholm, Sverige
Tryck: BoD – Books on Demand, Norderstedt, Tyskland
ISBN: 978-91-7699-804-5

BROTTNING OCH DANS (5)

Jakob.
Emma.

SLUTA (10)

the final countdowns,
jag kan icke räkna dem alla

ÖDE (20)

I skymningen
smälte mitt hjärta
av bly
i kupade händer

Ett uns av hopp
i natten
blev mitt öde

DIRK/BERKMAN (21)

Vi lämnar
det allomfattande
krossar
det oförstörbara
i handlingens propaganda

drunknande bödlar
utsträckta händer

fröets värld
ineffektivitetens erbjudande

o.s.a. inte

VÄRDEFULL (24)

där satt dom
i sin borg
bakom den uppfällda vindbryggan
och gladdes
över sin moderna värdegrund
medan havet fylldes
av dom värdelösas blod

SKILLNAD (27)

andas öppna landskap
genom mig

förbundna kroppar
bakom putsade fasader
av knivskarp distinktion

allt är inte ett
fragment och skillnad
stundom sammanväxt
Integritet
men inga gränser

HYVLAD (33)

varje gräns som korsas
en farligt vässad fantasi

hyvlar lager på lager
av staplad identitet
blottar flytande grunder

jag blir måttlöst utspridd
hoppas allt tystare
på en explosion
när det minsta delas

FLAGGA PÅ EN TOPP (37)

jag böjer hellre knä
besegrad
invid Bergets fot
än bestiger
och betvingar det
med våra flaggor

innan pyramider, torn och höghus
sedan stadens hjärtslag tystnat
under våra släta ytor
spirar andra världar skört

BRAST FÖR MIG (37)

En episk ensamhet
och fem tyranner
senare
slets jag ännu
utan uppehåll
itu
av Självets
och Gemenskapernas
drömgestalter

I sprickorna
smög mörkret in
Jag tror,
och ur mitt inre
flyter strömmar
av ruttnande slam

BORÅS

Störtad, störtad är en väldig mast
i en värld till bredden fylld av plast
där signaler sprids globalt med hast
Sabotage i skarpt naiv kontrast
till modernitetens techno-last
Må den djärva aldrig åka fast

OREN! (41)

distinkta discipliner
ett kryss i varje ruta
ett sädesslag per åker
"dikt är ej musik
är inte galenskap och forskning"

livet saknar takt
och rimmar inte
är varken prosa eller poesi

dröm fram i trasigt versmått
en okänd, oren rytm

OUTRÄKNAD (45)

Visst finns det goda skäl att klaga,
drömma om de andra liven,
ängslas över våld och brist.

Men i en oavslutad saga
är oss öppenheten given,
till den scen som kommer sist.

Konturerna de väntar, vaga,
plotten inte färdigskriven,
varje blad en möjlig twist.

PULS (45)

när håligheterna
i deras livsväg
vidgades
och låg där nakna
vid farbarhetens gräns
falnade den äldre gudens glans

trons folk sa nej
och såg sig om
vilsenhet blev nya stigar
till sist en annan väg
en annan sårbar gudsvision

ateismernas puls
i religionernas ådror

UNDER YTAN/AT THE BORDER (47)

777 migranter
döda
bara under helgen

Sveper täcket
om ångesten
i vågrätt läge
Känner vikten
av att ändå
unna sig
en tupplur

Sjunker
Fylls av drömmens dörrar

Rycker till
anar vakenhetens yta
från djupens famntag

Orka, tänker Gud
och somnar om

(Ps. 44:24-27)

NI GÅR (48)

Ni går från mig,
på egna vägar
med bitar av min själ
i var sin famn
Jag ska inte säga nej
och vägra
fast ni stjäl
min mening,
fast vi gav er
era namn

Att ni går,
beundransvärt,
vart än det bär

Stoltare
kan ingen vara

KRAVALL (51)

hen blandade
sin cocktail
av lovande stjärnfall
och sprakande mångfald

slungades iväg
mot en svärtans utopi
en spöklik dans
inför sprickfärdiga patriarker
ett irrande bloss i sommarnatten

till frukost fil och havregryn
välfriserad, uppkopplad och skärpt
en orörd, stålblå himmel
över flitig foglighet
och asfalterade kalendrar

magmans hot och hopp

En tid därefter satte Utvecklingen Människan på prov.
Utvecklingen kallade på honom: "Människa!" – "Här
är jag!", svarade han. Utvecklingen sade: "Ta din ende
son, honom som du älskar, Gud, och gå till landet Mo-
dernitet och offra honom där som brännoffer på ett
berg som jag skall visa dig."

APOFATIK (53)

Dom räddade Gud
motsägelsefull
bortom alla ord

Så kunde De Upplysta
som stillat sig och lämnat jaget
hålla långa tal
sälja många böcker
samla gåvor till sin renhetssträvan

Då sa vi Nej till Gud
till Världen, Universum och till Alltet
Den Yttersta Verkligheten
en figur i en berättelse
vi inte orkar höra

TIGGAREN EXTENDED (73)

Det finns Något bortom svarta hål, galaxer och
planeter
Det finns Något bortom tigerhajar, havsdjup och mane-
ter

Det finns Något bortom läskigt små och snabba Higgs-
partiklar
Det finns något bortom böjda knän och strikta tros-
artiklar

Det finns något bortom skärmar, singularitet och IT-
flöden
Det finns något bortom primitiviteten, framtiden och
döden

Det finns något bortom allt det som vi drömmer, kän-
ner, minns
Det finns något bortom Något, bortom Bortom, bor-
tom Finns

ATTRAHERANDE ISMER PÅ A? (77)

Artism: grundproblem
Antagonism: krigsiver
Agonism: statstillbedjan
Antropocentrism: hybris

Antropomorfism: funktionella låtsaskompisar
Ateism: teistisk parasit
Agnosticism: blyg teism
Adoptianism: halvmesyr
Apofatism: platonism

Alarmism: vargen kommer, säger Herren
Apokalypticism: civilisationernas falsksanna mardröm
Anagogism: framtidsförmörkelse
Amillenialism: platonism
Annihilationism: förintelse som tröst

Adventism: instängdhet
Anabaptism: alla dops underkännande
Arminianism: otillräcklighet

Anarkism: dualism
Adualism: språkförbistring
Animism: otillgängligt
Aforism: enögdhet
Amoralism: ouppnåeligt
Autism: stämpling

Abolitionism: evigt uppskjuten storstädning
Absolutism: renhetsförgiftning
Asketism: självhat
Altruism: illusion
Aktivism: passivismens avkomma

Antiismism: självgodhet

FÅNGE I EXODUS (77)

Alltid, alltid ska jag fortsätta att lämna
det rike som ska komma snart
Aldrig, aldrig ska jag sluta tappa tron
Till slut så ska jag kanske börja hoppas
på Livet och på frihet här och nu

Men tills det händer flyr jag,
stärkt av tvivel,
med ett minimum av skam,
bäddas ned
i toner från en framtidssång

Den växt som alltid vakar,
skrumpnar innan blomman slagit ut

Den nya tiden smeker mig till sömns

MÖRK OAS: EN SKÄRTORSDAGSDIKT (91)

29

Lyssna, kristen, sjung
ditt tvivel
Nu!
Höj din röst och skrik
ditt nej
till Gud!
Du våndas,
alltså existerar du
Våga stå i tvekan
inför himlens bud

När du böjer dina knän
ikväll, och ber
Känn din egen vilja, skör,
men skarp och het
Passa på och tänk
att Gud dig inte ser
Säg ja till mörkrets tomhet
- för vem vet...

...om några dagar
kanske himlen landar
visshetskänslan
blåser upp till storm
tvivlets segelbåt
på klippan strandar
Getsemanes och korsets skepnad
får på nytt
förvriden form

LITEN GUD (108)

Nu förföljs jag
av en liten, liten gud
inte bara god
och inte särskilt mäktig
en gud som tältar hos förtryckta
i systemets marginal
som kämpar, flyr
som lider och som lär sig

En gud med kvävda möjligheter
skriker ifrån burar, skjul och celler
krossas av maskinens tyngd
ett frö som kvävs av gifter,
orkar inte bli ett väldigt träd
en dröm som nyktra gränser släcker
som lockar och förvirrar,
ger mig mod och depression

Denna klena, veka gud
som avskyr maktens salar
flyr från kyrkorna
och smyger över torg
övergiven, jagad, bakom taggtråd
mellan uppblåsthet och självförakt

en dåre dömd till döden,
blödande och törnekrönt

MYCKET SNART (131)

Världen den var ofullbordad och förvriden
men ljuset, såg vi, var på väg att bryta fram
Den skulle komma snart, den nya tiden
Historien hade fyllt sitt mått av skam
Vissa talade om kampen och om striden
andra fokuserade på fredsprogram

Vi höjde spruckna röster, slitna fanor
byggde hopp på tecken och tendenser
Överallt så såg vi falska tankebanor
blottade förtryckets bruna gränser
Vi ändrade vår livsstil, våra vanor
Visionen gav oss nya preferenser

Dock, något hände, eller inget, och med tiden
täcktes hoppets vingar av ett lager damm
Men kanske, som en höstkall flock av tranor
som skakar av sig frosten, södervriden,
och lyfter, flyger, ståtlig och beslutsam
när den plötsligt känner starka influenser,
är detta året då vi spårar våra anor
och på nytt blir radikala existenser?

HAR DU ELD? (148)

När pingstdagen kom fanns det ingen samling att tala
om.
Alla hade fullt upp med sitt verkningslösa självförverkli-
gande,
och de som ändå hade kommit förmådde inte lägga
ifrån sig telefonerna.

Utökade gränskontroller gjorde att bara en nationalitet
fanns representerad,
och det fanns därför inget behov av att tala andra tungo-
mål.
Ingen brann, någon förvirring uppstod inte,
och alla uppträdde koherent och rationellt.

Ingen förväntades ha drömmar om något som sträckte
sig utanför den egna lilla sfären,
eller se några omstörtande framtidsvisioner.
Allt var vad det såg ut att vara;
kriminella var kriminella, de normala var normala
och döden hade alltid sista ordet.
Ingen blev träffad i hjärtat av något Budskap,
eller gjorde någon helomvändning.

Var och en åt sin middag framför sin egen skärm,
klamrade sig fast vid sina prylar,
och låste noga in sig in sin privata sfär.

Men så hände inget Speciellt, heller.

ALDRIG TA DIN HAND (162)

nej, jag kommer aldrig någonsin
att ta din hand
dina riken och mirakler är ingenting för mig
en stilla susning
överröstar dina stridsplan
som skär himlen så den blöder värme
ängens brutna blomma
spräcker dina asfaltslock

av ditt globala skådespel
jag imponeras mindre
än av sparven
som vi glömde bort att iaktta
jag söker hellre gatans folk
än dina potentater
en limpa delad mellan vandrare
i skydd av mörkret
lyser starkare
än stjärnorna i guide michelin

byggt på sand är höghus
och de snabba tågens rälsar
i ditt banalt komplexa snedsystem
i sprickorna slår grönskan rot
och av ledsna repstumpar
från dina byggen
vill jag fläta mig ett redskap
dekonstruera dina tempel
hellre utslängd, utträngd
uthängd mitt emellan terrorister
än att söka status i din ruttenhet

nej!
jag kommer aldrig någonsin att ta din hand
och när jag ändå gör det,
då vill jag nypa så det känns
eller åtminstone så ska jag inte dölja
att jag skäms

RELIGIONSFRIHET (163)

jovisst, hon kunde välja religion och gud
och tro och dyrka hur och vem och vad som helst
det gick mycket bra, sa dom, att följa buddhas bud
eller bli född på nytt och jubla jesus-frälst

hon fick tungotala, yoga eller levitera
vilken andlig väg som än blev hennes grej
det gick också mycket bra att kombinera;
ellen white, sikhism och rumi - allting var okej

nu blev det inte som dom tänkt,
för hennes trosvision
den fyllde hennes blick
och gjorde världen ny
praktiserad var den hotfull
mot elitens position
deras pengar, makt och vapen
sågs som snuskig pöl av dy

men då tog dom på nytt till orda:
du, förresten!
du är heretisk, galen
eller kriminell
nu blir det svält och hemlöshet,
fördömelse, arresten
din tro är falsk och störig,
kontroversiell

De sa
att du har missförstått
vad en kan välja:

En stympad,
oanstötlig,
apolitisk,
inre tro
är allt vad vi kan svälja

(well,
om den inte går att sälja)

VE (166)

Ni vidriga politiker,
du flyktingfientliga mobb,
du äcklar mig.
blod på era händer
guld på era konton

jag försakar förståelse och tolerans
inför jävlig vedervärdighet
Fascist, nationalist,
liberal, grön,
vänster, antirasist,
jag skiter i ditt namn,
när europeiska nationers gränspolitik,
den som ni borde hållas ansvariga för,
dränker tusenfalt och namnlöst
och fängslar massorna i krigsmisär.

När jag tänker på era skruvade hjärnor
och krokiga hjärtan
vill jag gråta mig till sömns
och kräkas hela natten
de stunder jag känner mig snäll.

Och du mediaperson
som rapporterar
eller "vanliga medborgare"
som tittar och lyssnar,
ve också dig!
Det var du som var naiv och korkad nog
att rösta fram alla dessa rövhål
och du kommer göra det igen, dessutom.

777 döda medmänniskor i Europa under en helg.
om tågolycka?
terrorattentat?
samtalen då?
chocken? oron?
nyhetsrapporteringen? intervjuerna?

vilken hämnd hade åberopats
vilka hade hängts ut
vilka "säkerhetsåtgärder" hade vidtagits?

Alla människor är lika mycket värda, säger ni.
Helvetesförljugna perverterade skitsystem,
jag hatar dig.
Eld över Babylon.

EXODUS VS. REVOLUTION (184)

"Lämna staden
och sätt spaden
i jorden!"
Med dom orden
har folk dragit ut för att börja,
ett startskott för att bromsa den sörja
som är storsamhällets borden
och förtryck. Dock, detta med att lämna hjorden
blir ofta mest
ett individuellt projekt
eller, som bäst,
en renhetssekt
under någon form av upphöjd präst.

Andra vill revolution som status quo kan dissa,
en massiv rörelse
som slutar kompromissa,
och inte viker för förstörelse.
De vill hota makten,
öka ändringstakten,
inte bara se de mindre experimenten –
själva elementen
och strukturen
måste ändras först.
Men väl på tronen blir en ny elit

den samma gamla skit
som klibbade från början.

Men exodus och uppror, dessa två tendenser,
har de inte samma törst,
efter fria Existenser,
en gemensam strävan som blir tolk,
för frihetslängtan, och som säger Släpp mitt folk?

Så istället för den usla smörjan
hos en klibbig sekt eller de raka leden,
ska vi våga drömma om en puss,
mellan rättvisan och freden?
En upprorets version där vreden
och dess glöd
inte följs av fångenskap och död
utan av anarki och exodus?

OBEHÖVD (191)

Gud, du som är så nära
och så bortom
att det alltid hotar tron
Jag vänder mig till dig

Redan innan ordet
som var du
blev kött
gick du runt där
i vår trädgård
blev middagsgäst
i våra tält
övertalad till barmhärtighet

en gud med ansikte och rygg
som ibland tog miste
i sin megamasterplan

I en allt igenom jordisk människa
ett djur bland andra djur
såg vi dina brustna ansiktsdrag
men när hen dog
dog också Du
och nu finns Anden
i och genom oss
tillsammans är vi nu
en outvald Messias kropp

i Kristus gav du bort
din makt
och tömde
varje himmel

Varje bild av dig
har du förbjudit
Du bär ett namn
som inte är ett namn
Ditt folk har mött dig
som den fjärran
den som inte griper in

Vi svettas blod
för allt är meningslöst och färglöst
du omsluter oss
på varje sida
med din bottenlösa
avgrund

Gud, du som är så nära
och så bortom
att du själv är meningslös
Jag vänder mig till dig
och säger nej
Jag behöver inte dig
och du behöver inte mig

Ändå lämnar du mig ingen ro

HUR JAG TAPPADE TRON (425)

Av samhället fick jag tron på Pengar som en mörk och oundviklig gåva.

Inkarnerat i sedlar och siffror, fick jag lära mig, fanns en rättfärdig och obetvinglig Kraft som kallades Pengar.

Ingenting fanns som kunde konkurrera med Pengar, inget fanns som förtjänade ett högre mått av respekt och lojalitet.

Varje dag anropade jag därför sedlarnas helighet för att få tillgång till näring, värme, gemenskap och glädje. Jag tillbad i Pengars Tempel och Tabernakel, jag dyrkade på gator och torg, ja till och med i mitt eget och i andras hem. Ibland med lycka och trosvisshet, ibland med tvekan och bävan, ibland utan känslor alls.

Men så hände något. Jag förlorade tron.

Ja, det var knappast en "händelse" i ordets ordinära bemärkelse, det handlade mer om en utdragen process.

Jag är osäker på vad som dog först, om det var tron på Pengars existens, eller om det var tron på Hens rättfärdighet. Men en dag insåg jag att Pengar i själva verket bara var ett annat namn för uppdiktade skulder, för maktpositioner och ojämlikhet, och att det bakom sedlar och siffror bara fanns tomhet och förvirring.

Jag blev en apengist.

Som apengist öppnade sig en ny värld för mig. Jag insåg att näring, värme, gemenskap och glädje inte kom från Pengar, utan från jorden, miljön, djuren och människors arbete och relationer. Det blev uppenbart för mig att mycket av det jag konsumerar har sitt ursprung i förtryck och förstörelse, och detta gjorde mig sorgsen, skamsen och förbannad. Samtidigt såg jag att så mycket av det jag värderar högst i livet blir tillgängligt utan att slantar, siffror och sedlar alls är inblandade.

Men ändå fortsatte jag att anropa Pengar, och detta fick mig att också upptäcka något annat. Att det varken var Helighet eller Intighet som dolde sig bakom sedlar och siffror, utan ett naket hot om våld. Jag insåg att jag nu när jag hade tappat tron, vände mig till pengar enbart för att undkomma Ledarnas våld mot mig och mina nära och kära. Sedlar, slantar och siffror blev en muta till systemet för att slippa dess burar och batonger.

Så mycket var det med den religionsfriheten. Den som inte tror, ska straffas. Jag blev rädd. Kanske hade min tro i själva verket hela tiden varit fruktan?

Nu har åren gått och jag har börjat ana att även mycket av denna fruktan var en slags tro. Jag tvivlar allt intensivare på att Makthavarna är så mäktiga och farliga som vi har lärt oss.
Kanske finns de inte ens.
Kanske är kejsaren naken?

I en värld, inte helt olik vår, fanns det sju kön bland henniskorna.

Det första könet var Barn. Innan puberteten var alla personer Barn. I en livsfas där alla henniskor saknade förmåga att reproducera sig, fanns helt enkelt ingen könsuppdelning. Alla kategoriserades som barn, och alla bemöttes på ett sätt som skulle minimera möjligheten att gissa deras kommande kön.

För med puberteten inleddes könsdifferentieringen. De som inte ville eller kunde reproducera sig efter barnperioden betecknades som Queer, det andra könet. Queer var också samhällets könsmässiga default setting. Det var en utbredd uppfattning att världen inte förmådde bära för många henniskor, och därför var normen att minimera barnalstrandet. Många levde inte upp till denna norm, men den var tillräckligt stark för att på djupet påverka könsuppfattningen. Tills det fanns en närmare kunskap om en person var Queer utgångspunkten. Det andra könet var därmed det vanliga könet i alla åldrar, och även det som alla inledde sin efterbarnsperiod som.

Det tredje och fjärde könet, i ungdomsfasen, var Tjej och Kille. Dessa personer verkade ha reproducerande potential och uttryckte längtan efter att få egna biologiska barn, men socialt ansågs det vara för tidigt. Det här var en ålder där människor förväntades acceptera en indelning i tre kön, dock med återhållsamhet.

Det femte och sjätte könet, i vuxenfasen, var Man och Kvinna. Män och Kvinnor antogs både kunna och vilja få barn tillsammans. Det var vanligt bland män och kvinnor att bryta sig ur queernormen genom att aktivt synliggöra sitt kön, ett beteende som över lag tolererades och ibland uppmuntrades, även om det också av många betraktades som riskfyllt och problematiskt.

Det sjunde könet var Äldsta. Med tidigare erfarenhet av minst tre olika kön, befann sig dessa henniskor nu efter den period där det ansågs möjligt eller lämpligt att få barn.

Övergångarna mellan de fyra olika könsfaserna skedde i ritualiserad form.

Givetvis var detta långt ifrån något perfekt könssystem. En majoritet gav det sitt aktiva stöd, och firade de olika könen och ritualerna högtidligt och intensivt. Andra godtog det med mer ambivalens, eller hade inte nog med tid, energi eller fantasi för att drömma om något annat. Vissa krävde mer eller mindre omfattande reformer.

Några fanatiska tänkare och aktivister, de så kallade tvåkönsextremisterna, ville revolutionera hela systemet och istället införa endast två kön från vagga till grav. Utgångspunkten föreslogs istället för reproduktivitet + vilja + ålder vara könsorganets karaktär: snippa eller snopp. En myndighet skulle avgöra vad som var vad, det hela skulle dokumenteras officiellt, och sedan skulle alla i alla sammanhang och alla livsfaser uppträda på ett sätt som ställde det bortom allt rimligt tvivel hur det såg ut mellan benen.

DIAGNOSEN (666)

Omgivningen hade länge anat att något inte var som det skulle med den unge mannen.

Fem dagar i veckan gick Tom till en plats där han tillbringade åtta timmar eller mer med att utföra uppgifter som andra hade föreslagit, oavsett vad han själv tyckte om dem.

På uppmaning kunde han sitta still i timmar på en stol, med blicken svepande över rader med tecken som andra placerat i en bestämd ordning.
Närhelst en person fanns närvarande som åtnjöt ett högt förtroende, hade speciella kunskaper, eller bar på farliga redskap, kunde en impuls att förminska sig själv drabba Tom.

Så här hade det varit länge, men Tom gick numera så långt i sin anpassning till andras förväntningar att han kunde följa andras uppmaningar även när han trodde att de var skadliga. Till och med när han märkte att han själv eller de han älskade mådde dåligt av det, hände det att han uppträdde lyhört och följsamt. Han hade också börjat utveckla ett eget språkbruk. Tom talade oroväckande ofta om "auktoriteter", "chefer", "presidenter" och "poliser", och titulerade ibland människor som Ledare mot deras uttalade vilja. När människor inte följde andras förslag kunde Tom fråga om detta var "enligt lagen", och om de inte borde få något "straff".

Men mönstret hade inte alltid varit så tydligt. När Tom var liten var det fortfarande vanligt att han uppträdde helt normalt. Han ville göra saker själv, testade, prövade sig fram och var inte rädd för att misslyckas och lära sig av sina försök. Han tyckte om att umgås med kompisar, att springa runt, att frågvist utforska världen, att hänga i skogar och parker. Behövdes det så kunde han bestämt säga emot sina föräldrar eller andra vuxna, eller på eget initiativ gå emellan när någon behandlades dåligt. När föräldrarna vid ett tillfälle mot hans vilja försökte placera honom i ett sammanhang där han förväntades umgås med främmande människor och följa deras riktlinjer gjorde han aktivt fysiskt motstånd. Mycket hellre ville han som de flesta andra barn vara med sina mappor i storhushållet, busa med de andra barnen på gården, eller strosa runt med de andra vuxna i skogsträdgården.

Men steg för steg förändrades allt det där, och omgivningens oro växte. Tom började utveckla drag av passivitet och underdånighet, och fick allt svårare att ta egna initiativ och tänka utanför lådan. Vare sig lekfullhet och spontanitet, eller ett uthålligt engagemang för att förverkliga sina mål och planer, fungerade som förr. Efter hand hade det också blivit besvärligare och mer sällsynt att han chillade utan hjälp av verktyg som experter skapat, eller att han samarbetade jämlikt med andra utan påtryckningar.

Som ung vuxen hade det gått så långt att Tom tillbringade i stort sett hela sin vakna tid med att noggrant följa instruktioner i etablerade organisationer, eller med att sitta och stirra på sin skärm. Om han någon gång hade svårt att anpassa sig, eller rentav gjorde tvärtemot vad andra uppmanade honom till, tog det inte lång stund innan han vände kritiken mot sig själv och började tänka att det var honom det var fel på. Men för det mesta gjorde han exakt det som förväntades av honom.
Därför var det en sådan befrielse när Tom i 25-årsåldern äntligen fick sin diagnos. Inte minst för de närstående som länge brottats med känslor av skuld och tillkortakommande. Nu fick de äntligen svar på sina frågor. Det var verkligen något som saknades hos Tom.

Tom själv fick till sist ett namn på vad det var som var annorlunda med honom, en etikett han kunde gömma sig bakom och använda som skydd i en ifrågasättande omvärld, ett dokument som skulle göra det enklare att få det stöd och den acceptans han så väl behövde.

I vårt samhälle skulle den unge mannen inte ha utmärkt sig. Möjligen skulle han rentav framhävts som en välintegrerad och samhällsnyttig medborgare.

Men nu levde Tom inte här och nu, utan i ett framtida samhälle där anarkin, och inte lydnad och hierarkier, var norm.

Och Tom, menade läkarna, hade **NLS**, Notoriskt Lydnadssyndrom.

SAGAN OM BÖDELN
SOM VILLE VARA HUMAN
En politisk kommentar (777 ord)

"Det var en gång en bekymrad bödel som bodde i en by och hette Bengt."

Så började berättelsen.

"Bödlande är krävande, och efter lång och trogen tjänst hade Bengts bödelbröder blivit bedrövligt brutala.

Men Bengt var annorlunda. Bengt behagade bry sig. Och detta trots att han bara gjorde sitt jobb, att hans klienter var Lösdrivare eller Laglösa, snyltare och parasiter på samhällskroppen. Människor var oroliga och otrygga, och behövde kanalisera sin vrede.

Ändå kunde han inte låta bli att känna sorg när han tänkte på klienterna och deras familjer. Ibland såg han till och med en glimt av sig själv i deras ögon.

Redan när Bengt gick som lärling hade han bestämt sig för att bli en human bödel.

Han uttalade sina befallningar med värme och empati. Han var alltid mycket generös med utrymmet för Brottslingens sista ord. Han tränade intensivt på svärdshuggandet för att lära sig träffa korrekt, och skilja huvudet från kroppen så rättssäkert och effektivt som möjligt. Risken för smärta och extrahugg skulle minimeras. Ibland plockade han en sorgsen bukett av vilda ängsblommor och överräckte dessa tillsammans med ett beklagande till de kvarlevande. Ofta delegerade han huggandet till en undersåte; han ville verkligen inte förhärdas.

Men detta räckte inte. Dagarna fylldes med oro och gnagande ångest, och nätterna med obehagliga och märkliga drömbilder. Det hade till och med börjat påverka hans jobb. Ibland snubblade han på orden när han uttalade Domen eller tvekade rentav innan svärdet föll och skiljde Skräpvarelsens huvud från kroppen. När det var som värst kände han tårarna trycka på bakom ögonlocken.

En dag fick Bengt höra att en ny bödel tillsatts i grannbyn.

Det började gå rykten om ändrade arbetsmetoder och fler avrättningar. Ofta hånades den dömde, berättades det. Det skrattades och tjoades och tjimmades, och Den Nya Bödeln högg slarvigt och oprecist. Svärdet fick ibland svingas flera gånger innan det var klart. Trubbiga redskap såsom järnrör eller hårdgummikäppar började användas.

'En sadist', sa vissa.

'Buset får vad de förtjänar', tyckte andra.

'Säkerheten kräver detta, och dessutom kan nu äntligen vi som sköter oss prioritera våra egna behov och ta hand om våra gamlingar.'

Många bybor började uppsöka grannbyns avrättningar. Det här var något nytt och spännande, här var det ord och inga visor.

Det blev allt tydligare vad som höll på att hända. Om den nya bödeln fortsatte dra folk skulle Bengt snart komma att få sparken, och den nye bödelns territorium och handlingsutrymme skulle öka. Snart skulle därmed all bödelhumanitet vara som bortblåst.

Bengt hade således inget val. Han började imitera vissa av den nya bödelns arbetsmetoder. Han ökade avrättningskvoten. Ibland högg han snett, ibland skrattade han ihåligt. Blodet sprutade och skriken ljöd över vidderna. Och så sakta började publiken komma tillbaka.

En seger för humaniteten? undrade Bengt.

Men det skavde fortfarande.

En natt vaknade bödeln Bengt med ett ryck. Plötsligt visste han vad som måste göras.

Bengt klev upp, svepte rocken om sig, greppade ett glödande vedträ från eldstaden, och tågade ut i natten. En

timme senare stod avrättningsplatsen med alla bödels-
redskapen i brand. Den Laglöse bödeln Bengt greps på
bar gärning.

Rättegången var undanstökad i ett nafs, och domen
förutsägbar. För att kompensera för Bengts destruktiva
bärsärk fick den imponerande eken mitt i byn huggas
ned och bli en lämplig avrättningsstubbe. Med en stor
sten krossades Bengts huvud, och så fortsatte avrättning-
arna i byn, nu under den Nye Bödelns administration.

Men något hade förändrats. Schwunget saknades
liksom i huggen. Det pratades om Bengt, den humane
exbödeln, och hos allt fler kunde en ton av respekt skön-
jas. En atmosfär av obehag trängde sig på under avrätt-
ningarna. Det var inte som förr.

Det hade inte gått lång tid innan någon öppet satte ord
på den känsla som många delade. Dödandet måste få ett
slut.

Och svårare än så var det inte. Byborna samlades och
körde tillsammans iväg den nye bödeln. Hon tilldelades
en kolonilott i grannbyn där hon kunde odla sin egen
mat istället för att hugga huvudet av folk.

Oron fanns förstås kvar, och det var många tankar
och vanor och strukturer som behövde förändras i den
lilla byn. Byborna hade ju satt så mycket hopp till bö-
delsstubben och bödelssvärdet. Men det gick långsamt i
rätt riktning.

Och ur den nedhuggna ekens stubbe sköt ett litet skott upp, och snart växte ett nytt träd upp ur det gamla.

Där byggde fåglarna bo, och under dess skugga samlades under sommarens hetaste dagar före detta Laglösa och Lösdrivare, tillsammans med de andra byborna.

För barn och barnbarn berättade de till evig tid om den gamla tidens förvirring, och om Bengt, den bekymrade bödeln som ville vara human.

Stort tack till er som läst och/eller gett värdefull input (all tveksam kvalitet eller tvivelaktighet ska skyllas på mig): Johan Andin, Ylva Hammarström, Alice Hägg, Andreas Kahnberg, Maria Küchen, Markus Lundström, Sara Lundström, Tomas Poletti Lundström, Vanja Morgell, Ylva Nilsson, Jan-Gunnar Wahlén.

* * *

Tidigare i bokform av Jonas Lundström:

"Vad är anarkism?" (2013) i *Att hoppas på ett annat system : En antologi om kristen tro och anarkism.* Tomas Lundström & Anton Lundqvist (red.). Varberg: Argument förlag.

En förtryckares frihetliga fantasier (2014). Örebro: Fatta taggtråd publikationer.

Jesus eller kyrkan : Ett anabaptistiskt sökande efter kristen radikalitet (2015). Örebro: Fatta taggtråd publikationer/BOD.

Batongerna slår nedåt : En berättelse om brottsbekämpning (2016). Örebro: Fatta taggtråd publikationer/BOD.